Granizadas

por Jim Mezzanotte

Consultora de ciencias y contenido curricular: Debra Voege, M.A.,
maestra de recursos curriculares de ciencias y matemáticas

Especialista en lectura: Linda Cornwell, consultora de lectoescritura

WEEKLY READER®
PUBLISHING

Please visit our web site at **www.garethstevens.com**.
For a free color catalog describing our list of high-quality books,
call 1-800-542-2595 (USA) or 1-800-387-3178 (Canada).
Our fax: 1-877-542-2596

Library of Congress Cataloging-in-Publication Data

Mezzanotte, Jim.
   [Hailstorms. Spanish]
   Granizadas / por Jim Mezzanotte ; especialista en lectura, Linda Cornwell ;
consultora de ciencias y contenido curricular, Debra Voege.
      p. cm. — (Tiempo extremo)
   Includes bibliographical references and index.
   ISBN-10: 1-4339-2353-X   ISBN-13: 978-1-4339-2353-1 (lib. bdg.)
   ISBN-10: 1-4339-2367-X   ISBN-13: 978-1-4339-2367-8 (softcover)
   1. Hailstorms—Juvenile literature. 2. Hail—Juvenile literature. I. Title.
QC929.H15M49318   2010
551.55'4—dc22   2009006580

This edition first published in 2010 by
Weekly Reader® Books
An Imprint of Gareth Stevens Publishing
1 Reader's Digest Road
Pleasantville, NY 10570-7000 USA

Executive Managing Editor: Lisa M. Herrington
Senior Editor: Barbara Bakowski
Creative Director: Lisa Donovan
Designer: Melissa Welch, *Studio Montage*
Photo Researcher: Diane Laska-Swanke
Spanish Translators: Tatiana Acosta and Guillermo Gutiérrez

Photo credits: Cover, title, pp. 5, 21 © AP Images; pp. 3, 4, 9, 16, 20, 22, 24 © PhotoDisc/Extraordinary
Clouds; pp. 6, 11, 13, 21 © Weatherpix Stock Images; p. 7 Leigh Haeger/Weekly Reader; p. 8 © Jim
Reed/CORBIS; p. 10 © Adam Jones/Visuals Unlimited; p. 12 Scott M. Krall/© Gareth Stevens, Inc.;
p. 14 © Jeff J. Daly/Visuals Unlimited; p. 15 © Thomas Sztanek/Shutterstock; p. 17 © Jim Reed/Photo
Researchers, Inc.; p. 18 © Jonathan Lenz/Shutterstock; p. 19 © Gregor Kervina/Shutterstock

Printed in the United States of America

1 2 3 4 5 6 7 8 9 12 11 10 09

Contenido

Las palabras en **negrita** aparecen en el glosario.

CAPÍTULO 1

¡Cae una granizada!

En un día caluroso, aparecen unas oscuras nubes de tormenta. Esperas que llueva, pero algo distinto cae del cielo. ¡Es **granizo!**

Las piedras de granizo parecen rocas blancas.
Pero no son rocas, son trozos de hielo.

Piedras de granizo del tamaño de bolas de golf cubren la hierba de este campo de golf.

Las **tormentas eléctricas** pueden ir acompañadas de lluvia, rayos y granizo. Estas tormentas se forman cuando hace un tiempo caluroso y **húmedo.** En Estados Unidos, se forman principalmente en primavera y verano.

El granizo cae, sobre todo, en lugares donde no hace mucho frío ni mucho calor. En Estados Unidos, eso sucede, principalmente, en el centro de la nación. Las granizadas pueden producirse también en zonas de montaña.

La zona de color amarillo en este mapa recibe el nombre de *Hail Alley* (Callejón del granizo). Es la región de Estados Unidos donde cae más granizo.

ESTADOS UNIDOS

WYOMING

NEBRASKA

COLORADO

KANSAS

OKLAHOMA

TEXAS

N
O E
S

El granizo puede causar muchos daños.
Las piedras de granizo rompen ventanas y
destruyen **cultivos**. ¡Una piedra de granizo
puede ser tan pequeña como un chícharo o
tan grande como una pelota de béisbol!

Esta piedra de granizo es
más grande que una pelota
de béisbol.

CAPÍTULO 2
Las granizadas en acción

El granizo se forma dentro de una nube tormentosa. Pero, ¿cómo se forma una nube tormentosa? Primero, el sol calienta el aire cerca del suelo. Este aire está lleno de **vapor de agua**.

Nubes blancas e hinchadas crecen en el cielo. Pronto se habrán convertido en nubes de tormenta.

El aire caliente y húmedo sube desde el suelo. A mayor altura, el aire se enfría. El vapor de agua también se enfría, y se convierte en gotas de agua. Las gotas se unen y forman una nube.

A medida que sube más aire caliente, más gotas de agua se unen. Crean gotas más grandes. Cuando las gotas pesan más, caen de la nube.

Esta nube de tormenta se oscurece a medida que va llenándose de gotas de agua.

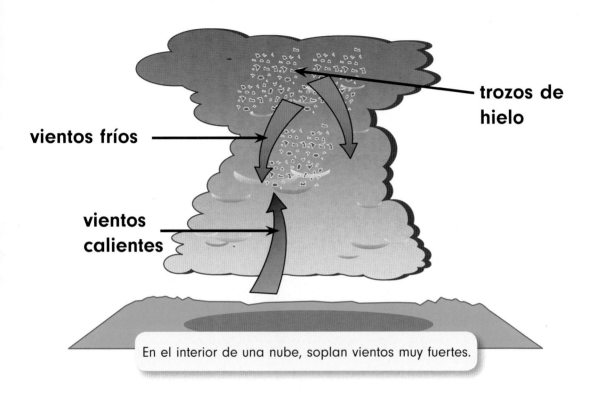

trozos de hielo

vientos fríos

vientos calientes

En el interior de una nube, soplan vientos muy fuertes.

La parte superior de la nube es más fría que la inferior. En la parte superior, el agua se congela formando diminutos trozos de hielo. Estos trozos empiezan a caer.

En la parte inferior de la nube, las gotas de lluvia se encuentran con los trozos de hielo. Las gotas se congelan alrededor del hielo, formando el granizo. Fuertes vientos hacen que las piedras de granizo bajen y suban dentro de la nube.

Más gotas de lluvia se congelan alrededor de las piedras de granizo, que aumentan de tamaño.

Finalmente, las piedras de granizo se vuelven demasiado pesadas y comienzan a caer. Las más pequeñas pueden derretirse en el aire mientras descienden. Las piedras de granizo más grandes pueden cubrir el suelo.

CAPÍTULO 3
Enormes granizadas

Las piedras de granizo caen a gran velocidad.
Pueden desplazarse más rápido que un auto.

El granizo puede destruir cosechas. También puede abollar el metal y romper los parabrisas de los autos.

Durante una tormenta eléctrica puede caer granizo y una intensa lluvia. La lluvia puede producir **inundaciones.** El granizo puede empeorar la situación durante una inundación, pues tapa los desagües por donde podría salir el agua.

Las tormentas eléctricas también pueden causar **tornados.** Un tornado es un tubo de viento que gira descendiendo desde las nubes hasta el suelo. A veces, el granizo cae poco antes de que se forme un tornado.

CAPÍTULO 4

Cómo protegerse de una granizada

Durante una granizada, los científicos usan un tubo para recoger el agua caída. Unas marcas en el tubo muestran cuántas pulgadas de lluvia cayeron. Los científicos usan una regla para medir las piedras de granizo.

¿Qué se debe hacer cuando empieza a caer granizo? Algunas personas cubren sus autos y embarcaciones. La gente trata de no manejar en las carreteras resbaladizas. El lugar más seguro es dentro de una casa.

Estas personas corren a refugiarse cuando una granizada obliga a retrasar una carrera.

Glosario

cultivos: plantas que siembran los agricultores

granizo: pequeños trozos redondeados de hielo que caen de las nubes

húmedo: tiempo en el que hay mucho vapor de agua en el aire

inundaciones: acumulación de agua procedente de lagos, ríos y otras masas de agua en un terreno normalmente seco. Se pueden producir inundaciones después de una fuerte lluvia.

tormentas eléctricas: tormentas que producen truenos, rayos, lluvias intensas, fuertes vientos y, en ocasiones, granizo

tornados: tubos de aire que gira descendiendo desde las nubes hasta tocar el suelo

vapor de agua: agua en forma de gas

Más información

Libros

Cambios del estado del tiempo: Las tormentas. Cambios que suceden en la naturaleza (series). Kelley MacAulay y Bobbie Kalman (Crabtree Publishing, 2006)

Tormentas increíbles. Seymour Simon (Chronicle Books, 2007)

Páginas web

Riesgos durante una tormenta: granizo
www.srh.weather.gov/jetstream/tstorms/hail.htm
Información básica, datos interesantes y normas de seguridad.

¡Weather Channel para niños!
www.theweatherchannelkids.com/weather-ed/weather-encyclopedia/severe-thunderstorms/hail
Definiciones de términos de meteorología.

Nota de la editorial a los padres y educadores: Nuestros editores han revisado con cuidado las páginas web para asegurarse de que son apropiadas para niños. Sin embargo, muchas páginas web cambian con frecuencia, y no podemos garantizar que sus contenidos futuros sigan conservando nuestros elevados estándares de calidad y de interés educativo. Tengan en cuenta que los niños deben ser supervisados atentamente siempre que accedan a Internet.

Índice

Información sobre el autor

Jim Mezzanotte ha escrito muchos libros para niños. Vive en Milwaukee, Wisconsin, con su esposa y sus dos hijos. Siempre ha estado interesado en los fenómenos atmosféricos, especialmente en las grandes tormentas.